Franca Mangiameli | Heike Lemberger

Low-Carb vegan

40 Rezepte ohne tierische Lebensmittel

Inhalt

Rezepte

Low-Carb – was ist das?

Wer sich Low-Carb ernährt, reduziert stärke- und zuckerhaltige Lebensmittel wie Brot, Kartoffeln, Nudeln, Süßigkeiten sowie gezuckerte Getränke. Ein völliger Verzicht ist aber nicht notwendig.

Die Academy of Nutrition and Dietetics setzt die oberste Grenzen für Low Carb bei 130 Gramm Kohlenhydrate am Tag an. Das wären jeweils etwa 40 Gramm Kohlenhydrate für das Frühstück, Mittag und Abendessen.

Der tägliche Verzehr von ein bis zwei Scheiben Brot, zwei bis drei kleinen Kartoffeln oder ein paar Nudeln als Beilage ist noch im Sinne von Low-Carb. Wichtig ist dann die Bevorzugung von Vollkornprodukten.

Im Mittelpunkt der Ernährung stehen energiearme wasser- und ballaststoffreiche Lebensmittel wie Gemüse, Salat und zuckerarmes Obst sowie der Sattmacher Eiweiß aus Eiern, Fisch, Milchprodukten, Hülsenfrüchten, Fleisch und Käse. Als Geschmacksgeber darf großzügig Fett in Form von Ölen, Nüssen oder anderen fetthaltigen Lebensmitteln verwendet werden.

Die Wissenschaft bestätigt: Low-Carb ist für eine langfristige Gewichtsreduktion und anschließende Gewichtsstabilisierung gut geeignet, weil …

- weniger Insulin zur Kohlenhydratverstoffwechselung benötigt wird und somit die Fettspeicherung vermindert ist.

- die Muskeln, unsere Verbrennungsöfen, vor dem Abbau geschützt werden.

- heißhungerbringende Blutzuckerschwankungen wegfallen.

- Zivilisationskrankheiten wie Typ-2-Diabetes, Fettstoffwechselstörungen, Bluthochdruck u. a. sich damit nicht nur verhindern, sondern auch effektiv behandeln lassen.

Vegane Ernährung: Motive & Gesundheitswert!

In den vergangenen Jahren ist die Anhängerschaft des Veganismus, eine zu Low-Carb eher gegensätzliche Ernährungsweise, stark gewachsen. Wie hoch der Anteil der Veganer in Deutschland derzeit ist, lässt sich schwer sagen. Nach Einschätzungen des deutschen Vegetarierbundes (VEBU) sind es um die 600.000 – die Dunkelziffer ist vermutlich höher, der Trend wachsend. Die Entscheidung, sich ausschließlich pflanzlich zu ernähren, ist laut der Deutschen Veganer Studie (DVS) einerseits ethisch-religiös geprägt, andererseits sind es gesundheitliche Motive, die Menschen davon überzeugen, auf tierische Lebensmittel zu verzichten. Beide Aspekte zeigen aber ganz deutlich, dass Veganer im Vergleich zur Allgemeinbevölkerung einen wesentlich gesünderen Lebensstil pflegen. Sie rauchen seltener, trinken weniger Alkohol und treiben mehr Sport. Weiterhin ist laut der DVS die Nährstoffdichte veganer Mahlzeiten, bedingt durch den hohen Obst- und Gemüseverzehr, sehr hoch. Auffallend ist auch der hohe Anteil an Antioxidantien und Ballaststoffen in der Ernährung. Alles zusammen ergibt einen Lebensstil, der sich positiv auf die Gesundheit auswirkt. Kein Wunder, dass das Risiko für Diabetes, Übergewicht und Bluthochdruck bei Veganern kaum ins Gewicht fällt.

Vegan goes Low-Carb – kein Widerspruch!

Vegan essen bedeutet, auf alles zu verzichten, was von Tieren stammt. Fleisch, Fisch, Milch, Milchprodukte, Käse, Eier und Honig sind tabu. Das sind, bis auf den Honig, genau jene Lebensmittel, die bei einer Low-Carb-Ernährung regelmäßig als Eiweißquelle empfohlen werden. Das heißt aber nicht zwangsläufig, dass Low-Carb nur mit Fisch und Fleisch funktioniert. Völlig unproblematisch lässt sich diese Ernährung auch vegetarisch gestalten.

Aber funktioniert das Ganze auch vegan? Ist es möglich, Kohlenhydrate als wichtige Nährstoffquelle in der veganen Ernährung zu reduzieren und durch pflanzliches Eiweiß zu ersetzen? Nach den Ergebnissen der Deutschen Veganer Studie nahmen die vegan lebenden Testpersonen bezogen auf die täglich aufgenommene Gesamtenergie ganze 57 Energieprozent aus Kohlenhydraten und gerade mal 11,4 Energieprozent aus Eiweiß auf. Im Prinzip das genaue Gegenteil von Low-Carb.

Die aufgenommene Eiweißmenge ist zwar bedarfsdeckend, reicht aber nicht aus, um die vielen positiven Eigenschaften des Eiweißes optimal auszunutzen. Wer sich also Low-Carb vegan ernähren und die Vorteile beider Kostformen nutzen möchte, sollte seinen Eiweißanteil erhöhen und die Kohlenhydratmenge reduzieren.

Durch den Verzicht von tierischen Produkten fällt ein großer Teil hochwertiger Eiweißquellen weg. Die größte Herausforderung in diesem Rezeptbuch war es, den hohen Kohlenhydratanteil, der bei veganer Ernährung üblich ist, durch den Einsatz hochwertiger Eiweißquellen zu reduzieren.

Wichtige Eiweißquellen für Low-Carb-Veganer

Lebensmittel	Kcal/100 g	Eiweiß/100 g	KH/100 g	Fett/100 g
Sojaprodukte				
Sojamehl (entfettet)	311	48	23	3
Sojaspaghetti	387	45	36	6
Sojafleisch (Schnetzel)	280–360	45–50	7–17	2–7
Sojamehl (vollfett)	403	41	3	21
Sojagranulat	442	39,5	12,2	23,8
Sojaflocken	347	37	3	21
Sojabohnen (getrocknet)	287	20	42	2
Tempeh	160–170	17–20	2–12	5–10
Tofu (geräuchert)	140–190	14–20	0,5	9–11
Sojawürstchen (mit Weizenprotein)	175	19	3	9
Tofu (natur)	125–160	12–16	0,7	7–10
Sojawurst/-aufschnitt	296	10	3,7	27
Sojajoghurt	50	4–5	2	2–3
Sojamilch	35	3,7	0,1	2,1
Sojasahne/Cuisine	170–190	2–3	4–12	18
Süßlupinenprodukte				
Lupinenflocken	300	42	30	12
Süßlupinenmehl	250	40	2	10
Lupinen (Schnitzel, Filet, Würstchen)	250–330	21–27	8–16	13–16
Lupinengeschnetzeltes	176	21	5	8
Lupinen	119	16	10	3
Seitan				
Gluten/Weizenkleber	397	81	7,8	3,5
Seitan (Steak)	220	33	4,4	9,2
Seitan (Würstchen)	207	28	5	7
Seitan	120–190	21–37	2–6	1–4
Sonstige Hülsenfrüchte				
Linsen (getrocknet)	350	26,5	52	2,2
Erdnuss	561	25,3	8,3	48,1
Mungobohnen (getrocknet)	284	24	43,6	1,1
Erbsen (getrocknet)	287	23,7	42,4	1,7
Kidneybohnen (getrocknet)	251	22,1	36,5	1,4
weiße Bohnen (getrocknet)	248	21,2	37,3	1,6
Kichererbsen (getrocknet)	325	17,8	47,8	6,4

Lebensmittel	Kcal/100 g	Eiweiß/100 g	KH/100 g	Fett/100 g
Cashewnuss	568	17,5	30,5	42,2
Kidneybohnen (Konserve)	102	8	13	0,7
Linsen (Konserve)	91	6,9	12,8	0,5
Erbsen (Konserve)	70	6,2	9,9	0,5
Bohnen weiß (Konserve)	65	5,3	9,9	0,4
Kichererbsen (Konserve)	90	5	13,4	1,8
Zuckererbsen/-schoten	60	4	10	0,2
grüne Bohnen	25	2,4	3,2	0,2
Eiweißhaltige Mehle				
Sojamehl	397	40	3	21
Lupinenmehl	257	41	39	8
Mandelmehl	282	36,4	7,2	12
Sesammehl	263	31	18,1	12
Haselnussmehl	320	28	18	12
Hanfmehl	326	28	4,5	10
Linsenmehl	320	23,5	52,5	1,5
Kichererbsenmehl	307	20	43	6,1
gemahlene Mandeln	596	20	4	57
Kokosmehl	240	20	4–21,9	10
Nüsse/Kerne/Samen				
Hanfsamen	612	34,4	4,7	50,6
Kürbiskerne	560	24,4	14,2	45,6
Leinsamen	372	24,4	0	30,9
Pinienkerne	575	24	7,3	50,7
Sonnenblumenkerne	574	22,6	12,3	49
Mohn	472	20,1	4,2	42,2
Mandeln	569	18,7	3,7	54,1
Sesam	559	17,7	10,2	50,4
Pistazien	574	17,6	11,6	51,6
Paranüsse	660	13,6	3,4	66,9
Walnüsse	654	14,4	10,6	62,5
Haselnüsse	636	12	10,5	61,6
Pekannüsse	692	9,3	4,4	72
Macadamianüsse	676	7,5	0	73
Kokosnussraspel	610	6,2	6,4	63,3

Lebensmittel	Kcal/100 g	Eiweiß/100 g	KH/100 g	Fett/100 g
Kern- und Nussmus				
Erdnussmus	626	30,2	9,4	49,4
Mandelmus	643	22,9	5,6	56
Sesammus	622	22	11	52
Sonnenblumenkernmus	580	22	12	48
Cashewmus	601	21	31	43
Haselnussmus	692	15	11	64
Pilze (* eine Portion = 25 g)				
Champignons (getrocknet)*	211	38,1	7,8	3,3
Steinpilze (getrocknet)*	149	27,1	4	3
Pfifferlinge (getrocknet)*	120	16,4	2,1	5,2
Morcheln (getrocknet)*	98	14,6	4,4	2,8
Shiitake (getrocknet)*	237	8,8	69,4	1,2
Steinpilze	19,8	3,6	0,5	0,4
Austernpilze	15,1	3,5	0,1	0,1
Champignons	15,3	2,7	0,6	0,2
Morchel	11,2	1,7	0,5	0,3
Shiitake	42	1,6	12,3	0,2
Pfifferlinge	11,5	1,6	0,2	0,5
Gemüse				
Rosenkohl	36	4,5	3,3	0,3
Grünkohl	37	4,3	2,5	0,9
Brokkoli	26	3,3	2,5	0,2
Wirsing	26	3	2,4	0,4
Wurzelpetersilie	37	2,9	5,4	0,5
Spinat	17	2,5	0,6	0,3
Blumenkohl	23	2,5	2,3	0,3
Sonstiges				
Proteinpulver (Soja), vegan	376	87	1	3
Proteinpulver (Erbsen), vegan	395	81	10,5	3
Proteinpulver (Reis), vegan	370	80	10	1
Vegan Blend (Erbsen, Reis, Hanf)	370	75	12	3
Hefeflocken	335	46,8	28	4

10 wichtige Ernährungsregeln für Low-Carb-Veganer

01 Essen Sie nicht mehr als 130 Gramm Kohlenhydrate am Tag!

02 Essen Sie zu jeder Mahlzeit eine Portion eines eiweißhaltigen Lebensmittels: 200 Gramm Tofu, 150 Gramm Lupinenschnitzel, 150 Gramm Seitansteak oder 125 bis 150 Gramm Hülsenfrüchte (Konserve bzw. gegarter Zustand)!

03 Kombinieren Sie zum Eiweiß immer 300 Gramm wasser- und ballaststoffreiches Gemüse und/oder Salat oder 200 Gramm zuckerarmes Obst wie Beeren, Papaya oder Zitrusfrüchte!

04 Verwenden Sie zu jeder Mahlzeit zwei bis drei Esslöffel hochwertiges Öl (Oliven-, Raps-, Walnussöl) oder zwei bis drei Esslöffel eines fetthaltigen Lebensmittels, z.B. Nüsse, Samen oder Kerne!

05 Essen Sie maximal einmal am Tag eine Portion stärkehaltige Lebensmittel wie zum Beispiel zwei dünne Scheiben Brot zum Frühstück oder 50 Gramm (Rohgewicht) Reis, Nudeln oder drei Kartoffeln zum Mittagessen!

06 Vermeiden Sie stärkehaltige Lebensmittel wie Brot, Kartoffeln oder Nudeln in einer Mahlzeit dann, wenn die Eiweißkomponente bereits relativ viele Kohlenhydrate liefert (z.B. Hülsenfrüchte)!

07 Essen Sie nur dreimal am Tag. So bleiben Ihre Blutzucker- und Insulinkurven schön flach!

08 Trinken Sie täglich 1,5 Liter kalorienfreie Getränke!

09 Essen Sie abwechslungsreich! Da viele Nahrungsmittel gemieden werden, ist es wichtig, auf eine vielfältige Auswahl an Hülsenfrüchten, Gemüse und Obst zu achten!

10 Vitamin B_{12} ist ein Mangelvitamin in der veganen Ernährung. Achten Sie deshalb auf eine ausreichende Vitamin-B_{12}-Versorgung, gegebenenfalls durch Supplemente!

Crunchy-Cappuccino-Joghurt mit Blaubeeren

- 100 g frische Blaubeeren
- 10 g Kokosflocken
- 10 g gehackte Mandeln
- 10 g gehackte Haselnüsse
- 30 ml Espresso
- 15 g Mandelmus (weiß)
- 1 TL gemahlene Vanille
- 1 schwach gehäufter TL Puderzucker
- 250 g Sojajoghurt

1 Portion (450 g): 455 kcal, 18 g Eiweiß (17 E%), 33 g Fett (63 E%), 22 g Kohlenhydrate (20 E%)

01 Blaubeeren waschen.

02 In einer beschichteten Pfanne Kokosflocken, Mandeln und Haselnüsse ohne Fett anrösten.

03 Mittelstarken Espresso kochen. Mandelmus, ½ TL gemahlene Vanille, Puderzucker und Espresso in einem Topf erhitzen und bei geringer Hitzezufuhr unter Rühren erwärmen. Etwas abkühlen lassen.

04 Sojajoghurt mit ½ TL gemahlener Vanille verrühren. Kaffee-Mandelmus-Mischung unterrühren. Beeren auf den Joghurt geben und mit den gerösteten Nüssen bestreuen.

Bunter scrambled Tofu

FÜR 2 PERSONEN

- 100 g Räuchertofu
- 250 g Tofu (natur)
- 1 kleine Zwiebel
- 1 orange Paprika
- ½ rote Paprika
- 100 g Cocktailtomaten
- 2 EL Olivenöl
- 1 EL Sojasauce
- ½ TL Kurkuma
- 1 EL frisch geschnittener Schnittlauch
- Salz und Cayennepfeffer nach Geschmack

1 Portion (390 g): 380 kcal, 28 g Eiweiß (31 E%), 24 g Fett (56 E%), 12 g Kohlenhydrate (13 E%)

01 Räuchertofu in sehr kleine Würfel schneiden. Naturtofu zerbröckeln. Zwiebel abziehen und in feine Würfel schneiden. Paprika waschen, entkernen und in feine Streifen schneiden. Tomaten waschen und halbieren.

02 1 EL Öl in einer beschichteten Pfanne erhitzen. Zwiebelwürfel darin glasig dünsten. Räuchertofu hinzufügen, kross anbraten und herausnehmen.

03 Restliches Öl hinzufügen. Paprikastreifen 5–6 Minuten anbraten. Naturtofu hinzufügen und weitere 5 Minuten mitbraten. Mit Sojasauce, Kurkuma und Cayennepfeffer würzen. Räuchertofu-Zwiebel-Gemisch und Tomaten dazugeben und 1–2 Minuten mitschwenken. Nach Geschmack mit Salz würzen und mit Schnittlauch bestreuen.

TIPP: Würzen Sie Gerichte, die nach Ei schmecken sollen, mit Kala Namak.

Weißbrötchen mit Schoko-Nuss-Mus

Für die Brötchen:

- 100 g Sojajoghurt
- 60 g Mandelmehl
- 30 g geschroteter Leinsamen (gold-gelb)
- 20 g Weißmehl
- ½ Päckchen Backpulver
- 1 TL Salz

Für den Belag:

- 8 TL Haselnussmus
- ½ TL dunkles Kakaopulver
- 1 Msp. gemahlene Vanille

1 Brötchen (65 g): 200 kcal,11 g Eiweiß (21 E%), 15 g Fett (66 E%), 6 g Kohlenhydrate (13 E%)

01 Kaffeefilter in ein Sieb legen. Topf drunterstellen. Sojajoghurt in den Kaffeefilter geben. Im Kühlschrank für mindestens 12 Stunden abtropfen lassen.

02 Den Backofen auf 200° (180° Umluft) vorheizen.

03 Mandelmehl, Leinsamen, Mehl, Backpulver und Salz mischen. Sojajoghurt unterrühren. Aus dem Teig 2 Brötchen gleicher Größe formen. Auf der Oberseite kreuzweise einschneiden.

04 Im Ofen (Mitte) 25–30 Minuten backen. Anschließend auskühlen lassen.

05 Haselnussmus, Kakaopulver und gemahlene Vanille verrühren und auf die Brötchenhälften streichen.

Eiweiß-Kraft-Müsli

- 400 ml Sojajoghurt
- 1 roter Apfel (z. B. Braeburn)
- 1 EL Rapsöl
- ½ TL Zimt
- 30 g Hanfsamen
- 30 g Kürbiskerne
- 60 g Sojaflocken
- 10 g Vanillezucker

1 Portion (370 g): 475 kcal, 30 g Eiweiß (25 E%), 26 g
Fett (53 E%), 23 g Kohlenhydrate (22 E%)

01 Kaffeefilter in ein Sieb legen. Topf drunterstellen. Sojajoghurt in den Kaffeefilter geben. Im Kühlschrank für mindestens 12 Stunden ruhen lassen.

02 Apfel waschen, halbieren, vom Kerngehäuse befreien und in 1 cm große Würfel schneiden. Rapsöl in einer beschichteten Pfanne erhitzen. Apfelwürfel und Zimt hineingeben und darin 3–4 Minuten anbraten.

03 Hanfsamen, Kürbiskerne und Sojaflocken in einer beschichteten Pfanne ohne Fett anrösten.

04 Sojajoghurt, Apfel-Zimt-Würfel, Hanfsamen, Kürbiskerne, Sojaflocken und Vanillezucker verrühren und servieren.

Kichererbsen-Petersilien-Salat

FÜR 2 PERSONEN

- 30 g Pinienkerne
- 250 g Kichererbsen (Dose)
- ½ Bund frische Blattpetersilie
- 2 Frühlingszwiebeln
- 150 g Möhren
- ½ Chilischote
- 1 kleine Knoblauchzehe
- 1 TL frisch geriebener Ingwer
- 2 EL + 1 TL Olivenöl
- 2 EL + 1 TL Zitronensaft
- 250 g Sojajoghurt
- Salz und Pfeffer nach Geschmack

1 Portion (475 g): 445 kcal, 18 g Eiweiß (18 E%), 26 g Fett (52 E%), 31 g Kohlenhydrate (30 E%)

01 Pinienkerne in einer Pfanne ohne Fett anrösten, bis sie duften.

02 Kichererbsen abtropfen lassen. Blattpetersilie waschen, trocken schütteln und fein hacken. Frühlingszwiebeln waschen und in Ringe schneiden. Möhren schälen und in sehr kleine Würfel schneiden. Chili der Länge nach aufschlitzen, Samen herauskratzen und in feine Ringe schneiden. Knoblauch schälen und pressen. Alle Zutaten in eine Schüssel geben.

03 2 EL Olivenöl und 2 EL Zitronensaft unterrühren. Mit Salz und Pfeffer würzen.

04 Sojajoghurt mit 1 TL Olivenöl, 1 TL Zitronensaft und Salz anmachen und zum Salat servieren.

Linsensalat auf gebratener Avocado

FÜR 2 PERSONEN

Für den Salat:
- 100 g rote Linsen (getrocknet)
- 100 g gelbe Linsen (getrocknet)
- 400 ml Gemüsebrühe
- 40 g Erdnüsse
- 60 g Lauchzwiebeln
- ¼ TL Chiliflocken

Für das Dressing:
- 1 TL frisch geriebener Ingwer
- 1 EL frisch gehackter Koriander
- 3 EL Zitronensaft
- 2 EL dunkles Sesamöl (geröstet)
- 1 Avocado (halbfest)
- 1 EL Rapsöl
- Salz und Cayennepfeffer nach Geschmack

1 Portion (350 g): 625 kcal, 25 g Eiweiß (18 E%), 39 g Fett (56 E%), 40 g Kohlenhydrate (26 E%)

01 Linsen gut waschen und in der Gemüsebrühe 12–15 Minuten köcheln lassen. Danach abtropfen und abkühlen lassen.

02 Erdnüsse halbieren. Lauchzwiebeln waschen und in feine Ringe schneiden. Erdnüsse ohne Fett anrösten. Lauchzwiebelringe, Erdnüsse und Chiliflocken mit den Linsen vermengen.

03 Ingwer schälen und fein raspeln. Koriander waschen, trocken schütteln und fein hacken. Ingwer, Koriander, Zitronensaft und Sesamöl verrühren und über den Linsensalat träufeln. Mit Salz und Cayennepfeffer abschmecken.

04 Avocado halbieren, vom Kern befreien, schälen, in 1 cm dicke Scheiben schneiden und salzen. Rapsöl in einer beschichteten Pfanne erhitzen. Die Avocadoscheiben darin von beiden Seiten 3–4 Minuten anbraten und anschließend fächerartig auf einem Teller anrichten. Den Linsensalat in die Mitte setzen.

Mediterrane Auberginenröllchen

**FÜR 2 PERSONEN
(ERGIBT 10–12 RÖLLCHEN)**

- 2 Auberginen (ca. 700 g)
- 5 TL Olivenöl
- 20 g Pinienkerne
- 200 g Kichererbsen (Dose)
- 30 g getrocknete Tomaten (in Öl)
- 50 g schwarze Oliven (entsteint)
- 1 EL frisch gehackte Blattpetersilie
- 1 Zweig Thymian
- 1 EL Zitronensaft
- Salz nach Geschmack
- 10–12 Zahnstocher

1 Portion (520 g): 410 kcal, 15 g Eiweiß (16 E%), 27 g Fett (58 E%), 27 g Kohlenhydrate (26 E%)

01 Den Backofen auf 200° Oberhitze (Umluft 180°) vorheizen.

02 Auberginen waschen, Strunk abschneiden, längs in 0,5 cm breite Scheiben schneiden, von beiden Seiten salzen und 10 Minuten ziehen lassen. Anschließend von beiden Seiten mit 3 TL Olivenöl bestreichen und im Ofen (oben) 10–12 Minuten grillen. Zwischendurch wenden. Anschließend herausnehmen und abkühlen lassen.

03 Pinienkerne in einer beschichteten Pfanne ohne Fett anrösten, abkühlen lassen und grob hacken. Kichererbsen abtropfen lassen und mit 2 TL Olivenöl pürieren. Getrocknete Tomaten und Oliven abtropfen lassen und sehr klein schneiden. Blättchen vom Thymianzweig zupfen, Kräuter waschen und klein hacken. Alles in eine Schale geben. Zitronensaft dazugeben und nach Geschmack salzen. Die Masse gut verrühren.

04 Auberginen einseitig mit der Kichererbsencreme bestreichen, dann einrollen und mit einem Zahnstocher fixieren.

Feldsalat mit krossen Kichererbsennuggets

FÜR 2 PERSONEN

Für die Nuggets:
- 125 g Kichererbsenmehl
- ½ TL Salz
- 375 ml kaltes Wasser
- 3 Zweige Thymian

Für den Salat:
- 125 g Feldsalat (oder Rucola)
- 1 kleine rote Zwiebel
- 125 g Strauchtomaten
- 100 g Champignons
- 80 g Radieschen
- 20 g Pinienkerne
- 15 g Hanfsamen

Für das Dressing:
- 2 EL Aceto balsamico (hell)
- 1 Prise Salz
- 2 TL Oliven- oder Rapsöl
- 2–3 EL Sojamilch
- 1 schwach gehäufter TL Senf (mild)
- 30 g Kokosfett (Bio) oder Erdnussöl
- Salz und Pfeffer nach Geschmack

1 Portion (460 g): 530 kcal, 22 g Eiweiß (17 E%), 35 g Fett (58 E%), 33 g Kohlenhydrate (25 E%)

01 Ein Backblech mit Backpapier auslegen.

02 In einen Topf Kichererbsenmehl und Salz geben und verrühren. Unter ständigem Rühren das kalte Wasser ganz vorsichtig klumpenfrei eingießen. Den Topf auf eine Herdplatte stellen und unter Rühren kurz aufkochen lassen. Dann sofort die Temperatur herunter drehen und 7–10 Minuten weiterrühren, bis die Masse fast fest wird.

Thymian waschen, trocken schütteln, zupfen und in den Teig einrühren.

03 Den Kichererbsenteig auf das Backblech geben und so verteilen, dass der Teig eine Höhe von 1–1,5 cm erreicht. Das Ganze etwa 20 Minuten erkalten und fest werden lassen.

04 Aus dem Kichererbsenteig nun 4 cm große Rauten schneiden.

05 Den Salat verlesen, waschen, trocknen und auf zwei flachen Tellern verteilen. Zwiebel abziehen und in feine Ringe schneiden. Tomaten waschen und vierteln. Champignons putzen und in Scheiben schneiden. Radieschen waschen und dünn hobeln. Zwiebelringe, Tomaten, Champignons und Radieschen auf dem Salat verteilen.

06 Pinienkerne und Hanfsamen in einer beschichteten Pfanne ohne Fett anrösten.

07 Für das Dressing Essig, Salz, Öl, Sojamilch und Senf in einem Vinaigretteshaker oder Glas mit Schraubverschluss gut vermischen.

08 Kokosfett in einer großen beschichteten Pfanne erhitzen. Die Kichererbsennuggets darin bei hoher Temperatur beidseitig in etwa 7–8 Minuten goldgelb anbraten. Die warmen Nuggets auf dem Salat verteilen. Das Dressing darüber träufeln und mit Hanfsamen und Pinienkernen bestreuen. Nach Geschmack mit Salz und Pfeffer würzen.

Indische Brokkolipakoras mit Minzraita

FÜR 2 PERSONEN

Für die Minzraita:
- 250 g Salatgurke
- 2 EL frisch gehackte Minze
- 1 EL frisch gehackter Koriander
- Saft einer Limette
- ½ TL Koriander (gemahlen)
- ½ TL Kreuzkümmel (Cumin, gemahlen)
- 250 g Sojajoghurt
- Salz und Cayennepfeffer nach Geschmack

Für die Pakoras:
- 300 g Brokkoli
- 100 g Kichererbsenmehl
- ½ TL Kurkuma
- ½ TL Kreuzkümmel (Cumin, gemahlen)
- ½ TL Salz
- 125 ml kaltes Wasser
- 100 g Kokosfett (Bio) oder Erdnussöl

1 Portion (585 g): 525 kcal, 22 g Eiweiß (18 E%), 32 g Fett (55 E%), 35 g Kohlenhydrate (27 E%)

01 Gurke schälen und fein raspeln. Minze und Koriander waschen, trocken schütteln und fein hacken. Gurke, Minze, frischer Koriander, Limettensaft, gemahlener Koriander, Kreuzkümmel und Cayennepfeffer in den Joghurt rühren. Mit Salz abschmecken.

02 Brokkoli in Röschen zerlegen und waschen. Größere Röschen nochmals halbieren. Tipp: Achten Sie darauf, dass die Röschen nicht zu groß sind, damit sie in der Pfanne schnell gar werden.

03 Kichererbsenmehl mit den Gewürzen und dem Salz verrühren. Mit dem Schneebesen vorsichtig das Wasser klumpenfrei einrühren. Der Teig darf nicht zu flüssig sein.

04 Das Fett in einem kleinen Topf erhitzen. Brokkoliröschen in den Teig tauchen und im heißen Fett 6–8 Minuten ausbacken. Brokkolipakoras mit Minzraita servieren.

TIPP: Statt Brokkoli können Sie auch Blumenkohl, Auberginen, Zucchini, Zwiebeln oder Pilze verwenden.

Thaisalat mit Tempehkräckern

FÜR 2 PERSONEN

- **300 g Tempeh**
- **250 g Sojasprossen**
- **2 Möhren (etwa 200 g)**
- **200 g Salatgurke**
- **½ Bund frischer Koriander**
- **½ Bund frischer Thaibasilikum**
- **1 Knoblauchzehe**
- **1 rote Chilischote**
- **1 Limette**
- **1 EL Honig**
- **40 g Erdnüsse**
- **2 EL trockener Sherry**
- **Salz und Pfeffer nach Geschmack**

1 Portion (515 g): 475 kcal, 42 g Eiweiß (36 E%), 23 g Fett (45 E%), 21 g Kohlenhydrate (19 E%)

01 Den Backofen auf 250° Oberhitze oder Grillstufe vorheizen.

02 Tempeh in 1 cm dünne Scheiben schneiden, gut salzen und im Ofen (Mitte) knusprig backen. Abkühlen lassen und zu kleineren Kräckern nach Belieben brechen.

03 Sojasprossen heiß waschen, kalt abbrausen und in einem Sieb gut abtropfen lassen. Möhren putzen, waschen und fein würfeln. Salatgurke schälen und ebenfalls in kleine Würfelchen schneiden. Sojaspros- sen, Möhren und Gurke mischen.

04 Koriander und Thaibasilikum abbrau- sen, die Blättchen abzupfen, einige zum Garnieren beiseitelegen und die übrigen mit zum Salat geben. Knoblauch abzie- hen und in feine Scheiben schneiden. Chili waschen, die Kerne entfernen und die Schote in Ringe schneiden. Den Saft der Limette auspressen. Knoblauch, Chili, Limettensaft, Honig, Erdnüsse, Sherry, Salz und Pfeffer zu einem glatten Dressing pürieren. Dieses unter den Salat ziehen.

05 Tempehkräcker auf dem Thaisalat anrichten und mit Koriander und Thaibasili- kum garniert servieren.

Mediterraner Oliven-Bohnen-Dip
in Chicoréelöffeln

FÜR 2 PERSONEN

- 15 g Pinienkerne
- 1 Stängel frische Blattpetersilie
- 150 g weiße Bohnen (Dose)
- 30 g schwarze Oliven (entsteint)
- 2 TL Zitronensaft
- 3 TL Olivenöl
- 30 g getrocknete Tomaten (in Öl)
- 20 g Kapern (Glas)
- 100 g Chicorée
- Meersalz und Pfeffer aus der Mühle nach Geschmack

1 Portion (190 g): 230 kcal, 8 g Eiweiß (14 E%), 16 g Fett (62 E%), 13 g Kohlenhydrate (24 E%)

01 Pinienkerne in einer Pfanne ohne Fett rösten.

02 Petersilie waschen.

03 Bohnen und Oliven abtropfen lassen, in einen Mixer geben und mit Pinienkernen, Petersilie, Zitronensaft und Olivenöl pürieren.

04 Getrocknete Tomaten sehr fein hacken. Kapern abtropfen lassen. Beide Zutaten in die Oliven-Bohnen-Creme rühren. Nach Geschmack mit Salz und Pfeffer würzen.

05 Chicoréeblätter waschen und mit dem Oliven-Bohnen-Dip bestreichen.

Mango-Avocado-Salat mit krossen Tofu-Sesam-Würfeln

FÜR 2 PERSONEN

Für den Salat:
- 1 Avocado (halbfest)
- 1 EL Zitronensaft
- 200 g Mango (halbfest)

Für das Dressing:
- 1 walnussgroßes Stück Ingwer
- 2 TL frischer Koriander
- Saft einer Limette
- 2 EL Chilisauce (süß-scharf)
- 1 EL Sesamöl (geröstet)
- Salz nach Geschmack

Für die Tofu-Sesam-Würfel:
- 400 g Tofu (natur)
- 200 ml Sojasauce
- 2 EL Sojamehl
- 4 EL Wasser
- 2 EL heller Sesam
- 2 EL Erdnussöl

1 Portion (420 g): 680 kcal, 40 g Eiweiß (23 E%), 55 g Fett (68 E%), 17 g Kohlenhydrate (9 E%)

01 Die Avocado halbieren, vom Kern befreien und schälen. Das Fruchtfleisch würfeln und mit Zitronensaft beträufeln.

02 Die Mango schälen und würfeln.

03 Ingwer schälen und fein raspeln. Koriander waschen, trocken schütteln und fein hacken. Ingwer, Koriander, Limettensaft, Chilisauce und Sesamöl vermischen und nach Geschmack salzen.

04 Den Tofu abtropfen lassen, in mundgerechte Würfel schneiden und in Sojasauce mindestens 30 Minuten marinieren. Tofuwürfel abtropfen lassen. Sojamehl und Wasser gut verrühren. Die Tofuwürfel darin eintauchen und danach im Sesam wenden, bis sie bedeckt sind. Das Erdnussöl in einer beschichteten Pfanne erhitzen. Tofuwürfel darin etwa 5 Minuten von allen Seiten kross anbraten.

05 Das Dressing unter den Salat heben. Die Tofuwürfel über den Salat streuen und sofort servieren.

Möhrenspaghettibolognese mit Pinienkernbrösel

FÜR 2 PERSONEN

- 500 g große Möhren + 1 kleine Möhre
- 250 ml Gemüsebrühe
- 75 g Sojaschnetzel (Trockengewicht)
- 1 kleine rote Zwiebel
- 1 Knoblauchzehe
- 1 EL Olivenöl
- 2 EL Tomatenmark
- 500 g passierte Tomaten
- 2 TL Oregano (getrocknet)
- 50 g Erbsen (TK)
- 5 frische Basilikumblätter
- 20 g Pinienkerne
- 10 g Hefeflocken
- 3 Msp. Fleur de Sel (oder normales Salz)
- Chiligewürz, Salz und schwarzer Pfeffer aus der Mühle nach Geschmack

1 Portion (685 g): 395 kcal, 32 g Eiweiß (34 E%), 14 g Fett (32 E%), 33 g Kohlenhydrate (34 E%)

01 Große Möhren schälen und mit einem Spiralschneider zu Spaghetti drehen. Alternativ können Sie die Möhren auch mit einem Sparschäler ähnlich wie Bandnudeln hobeln.

02 Gemüsebrühe kochen und Sojaschnetzel damit übergießen. 15 Minuten quellen lassen. Anschließend die Schnetzel gut absieben.

03 Die kleine Möhre schälen und fein raspeln. Zwiebel und Knoblauch abziehen und klein würfeln. Olivenöl in einer beschichteten Pfanne erhitzen. Zwiebel, Knoblauch und Möhrenraspel darin andünsten. Sojaschnetzel dazugeben und mitbraten. Tomatenmark hinzufügen und kurz anrösten. Mit passierten Tomaten ablöschen. Mit Chiligewürz, Oregano, Salz und Pfeffer abschmecken. Sauce bei niedriger Hitze 30 Minuten köcheln lassen. Zum Schluss Erbsen in die Sauce geben und 7–8 Minuten mitgaren.

04 In der Zwischenzeit reichlich Salzwasser zum Kochen bringen. Möhrenspaghetti darin 5–6 Minuten garen und anschließend abtropfen lassen. Währenddessen den frischen Basilikum waschen, fein hacken und in die Sauce geben.

05 Pinienkerne im Mörser zerstoßen, mit Hefeflocken und Fleur de Sel vermischen.

06 Bolognese über die Möhren geben und mit Pinienbröseln bestreuen.

TIPP für echte Nudelfans: Ersetzen Sie einen Teil der Getreidespaghetti durch Möhrennudeln. Eine weitere kohlenhydratarme Alternative sind Sojaspaghetti.

Sauerkrautbratlinge mit Kräutercreme

Für die Bratlinge:
- 300 g Sauerkraut (Dose)
- 1 walnussgroßes Stück Ingwer
- 160 g Räuchertofu
- 2 EL Rapsöl
- 80 g Linsenmehl
- 20 g Weizenmehl
- Salz und Pfeffer nach Geschmack

Für die Creme:
- 2 EL frisch gehackte Kräutermischung (z. B. Thymian, Rosmarin)
- 2 EL Olivenöl
- 2 EL Sojamehl
- 100 ml Wasser
- 2 TL Senf
- 6 TL Hefeflocken
- Salz nach Geschmack

1 Portion (340 g): 570 kcal, 32 g Eiweiß (23 E%), 232 g Fett (50 E%), 36 g Kohlenhydrate (27 E%)

01 Sauerkraut absieben, Saft auffangen, Sauerkraut klein hacken und in eine Schüssel geben.

02 Ingwer schälen und reiben.

03 Räuchertofu fein würfeln. 1 EL Rapsöl in der Pfanne erhitzen und die Tofuwürfel anbraten.

04 Sauerkraut, Ingwer, Tofuwürfel, Linsenmehl und Weizenmehl vermengen. Sollte die Masse zu trocken werden, dann 40 ml aufgefangenen Sauerkrautsaft hinzugeben.

05 Mit feuchten Händen 4 Bratlinge formen. Das restliche Rapsöl erhitzen. Bratlinge etwa 1 Minute beidseitig anbraten und bei reduzierter Hitze etwa 3–4 Minuten pro Seite weiterbraten.

06 Kräuter waschen, trocken schütteln, zupfen und klein hacken.

07 Olivenöl in einer beschichteten Pfanne erhitzen, Sojamehl unter Rühren hinzufügen und kurz anrösten. Wasser vorsichtig unter Rühren eingießen. Senf und Hefeflocken unterrühren und so lange garen, bis eine cremige Masse entsteht. Kräuter unterheben und nach Geschmack salzen.

08 Die Kräutercreme über die Bratlinge gießen.

TIPP: Verwenden Sie süßen oder scharfen Senf, um verschiedene Geschmacksrichtungen zu bekommen.

ALTERNATIVE: Anstelle von 80 g Linsenmehl und 20 g Weizenmehl können Sie auch 80 g Lupinenmehl verwenden.

Lupinengeschnetzeltes in Pilz-Spinat-Rahm

- 25 g Steinpilze (getrocknet)
- 200 g braune Champignons
- 150 g frischer Spinat (oder TK)
- 200 g Lupinenfilets
- 2 EL Rapsöl
- 200 g Soja Cuisine
- 50 ml Sojamilch
- 2 TL Dijon-Senf
- 1 Msp. geriebener Muskat
- Salz und schwarzer Pfeffer aus der Mühle nach Geschmack

1 Portion (440 g): 570 kcal, 37 g Eiweiß (27 E%), 42 g Fett (64 E%), 13 g Kohlenhydrate (9 E%)

01 Steinpilze gerade so mit lauwarmem Wasser bedecken und 15 Minuten einweichen lassen.

02 Champignons putzen und vierteln. Spinat waschen und gut abtropfen lassen.

03 Lupinenfilets in 2 cm breite Stücke schneiden. In einer beschichteten Pfanne 1 EL Öl erhitzen. Lupinenstreifen darin 2–3 Minuten goldbraun anbraten und herausnehmen.

04 Das restliche Öl eingießen. Champignons darin 3–4 Minuten kräftig anbraten. Hitze herunterfahren. Steinpilze gut ausdrücken. Das Wasser auffangen. Steinpilze zu den Champignons geben. Mit 2–3 EL Steinpilz-Einweichwasser, Soja Cuisine und Sojamilch ablöschen. Senf unterrühren. Mit Muskat, Salz und Pfeffer würzen. 6–8 Minuten köcheln lassen. Zum Schluss den Spinat dazugeben und 2 Minuten weitergaren.

Zucchini-Lauch-Auflauf mit Meerrettich-Senf-Kruste

FÜR 2 PERSONEN

- ½ Zwiebel
- 150 ml Sojamilch
- 20 g Tomatenmark
- 1 TL Rapsöl
- 240 g geschälte Tomaten (Dose)
- 400 g Zucchini
- 2 Stangen Lauch
- 20 g Pinienkerne
- 100 ml Soja Cuisine
- 15 g Hefeflocken
- 12 TL Senf
- 1–2 TL Knoblauchgranulat
- 30 g sehr fein geriebener Meerrettich
- Salz und Pfeffer nach Geschmack

1 Portion (585 g): 330 kcal, 17 g Eiweiß (21 E%), 20 g Fett (54 E%), 20 g Kohlenhydrate (25 E%)

01 Backofen auf 200° (180° Umluft) vorheizen.

02 Zwiebel abziehen und fein würfeln. Sojamilch mit Tomatenmark zu einer homogenen Masse verrühren.

03 Öl in einer beschichteten Pfanne erhitzen. Zwiebel darin andünsten. Geschälte Tomaten und Soja-Tomaten-Milch unterrühren. Mit Salz und Pfeffer würzen. 7–10 Minuten bei niedriger Hitzezufuhr köcheln lassen.

04 Währenddessen die Zucchini waschen und in 2 cm dicke Scheiben schneiden. Den Wurzelansatz und das grüne Ende vom Lauch abschneiden. Die Stangen in 2 cm dicke Ringe schneiden, anschließend waschen und gut absieben. In einer Auflaufform das Gemüse schichten. Tomaten-Soja-Sauce darüber gießen.

05 Pinienkerne in einer beschichteten Pfanne ohne Fett anrösten und anschließend im Mörser zerstoßen.

06 Soja Cuisine in einem kleinen Topf erhitzen. Hefeflocken unter Rühren hineinrieseln lassen. So lange rühren, bis eine cremige Konsistenz entsteht. Senf und Knoblauchgranulat unterrühren. Sauce von der Herdplatte nehmen. Pinienkerne und Meerrettich unterrühren.

07 Die Sauce über das Gemüse verteilen. Im Ofen etwa 30 Minuten (Mitte) backen.

Heiße Kürbisspalten mit Kräutercreme

FÜR 2 PERSONEN

- 1 Hokkaidokürbis
- 2 EL Rapsöl
- 10 g Pistazien
- 1 Schalotte
- 250 g Sojajoghurt
- 50 g Soja Cuisine
- 30 g Hanfsamen
- 30 g TK-Kräuter
- Meersalz, Salz und Cayennepfeffer nach Geschmack

1 Portion (430 g): 360 kcal, 16 g Eiweiß (18 E%), 25 g Fett (64 E%), 16 g Kohlenhydrate (18 E%)

01 Den Backofen auf 200° (Umluft 180°) vorheizen.

02 Kürbis gut abwaschen, halbieren und aushöhlen. Die Kürbishälften vierteln und mit dem Öl bestreichen. Mit Meersalz und Cayennepfeffer würzen. Kürbisspalten auf ein mit Backpapier ausgelegtes Blech mit den Schnittflächen nach oben verteilen und 15–20 Minuten (Mitte) backen.

03 In der Zwischenzeit die Pistazien in einer beschichteten Pfanne anrösten und anschließend fein hacken. Schalotte abziehen und fein würfeln. Sojajoghurt, Soja Cuisine, Pistazien und Hanfsamen verrühren. Schalottenwürfel und Kräuter dazugeben. Mit Salz und Pfeffer abschmecken.

04 Die heißen Kürbisspalten mit der Kräutercreme anrichten.

Austernpilzschnitzel
mit Paprika-Mandel-Sauce

FÜR 2 PERSONEN

- 200 g Austernpilze
- ½ rote Chilischote
- 1 rote Paprika
- 1 gelbe Paprika
- 3 EL Erdnussöl
- 40 g Sojamehl
- 8 EL Wasser
- 20 g Mehl
- 90 g weißer Sesam
- 100 ml Sojamilch
- 80 g Soja Cuisine
- 15 g weißes Mandelmus
- 40 g Aivar
- Blättchen von 1 Thymianzweig
- Salz und Cayennepfeffer nach Geschmack

1 Portion (500 g): 705 kcal, 26 g Eiweiß (15 E %), 56 g Fett (70 E%), 26 g Kohlenhydrate (15 E%)

01 Die Austernpilze putzen.

02 Chili waschen, der Länge nach aufschneiden und Kerne herauskratzen. Paprika waschen, entkernen und in sehr kleine Würfel schneiden. In einer beschichteten Pfanne 1 EL Öl erhitzen. Chili und Paprika darin 6–8 Minuten anbraten.

03 In der Zwischenzeit das Sojamehl mit Wasser gut verrühren, bis der Teig dickflüssig wird. Die Austernpilze mit Mehl bestäuben, durch den Sojateig ziehen und im Sesam wenden.

04 Sojamilch, Soja Cuisine, Mandelmus, Aivar und Thymian zum Paprikagemüse geben, gut verrühren und 6–8 Minuten köcheln lassen. Nach Geschmack mit Salz und Cayennepfeffer würzen.

05 2 EL Öl in einer beschichteten Pfanne erhitzen und die Pilze darin von beiden Seiten bei mittlerer Temperatur goldgelb anbraten. Austernpilzschnitzel mit Paprika-Mandel-Sauce servieren.

Sojafrikadellen mit Tomatensalat

Für den Salat:
- 4 Tomaten
- 50 g Kapern (Glas)
- 1 rote Zwiebel
- 1 EL natives Olivenöl
- 2 EL Aceto balsamico, hell
- 1 EL frisch gehackter Basilikum
- Oregano, Salz und Pfeffer nach Geschmack

Für die Frikadellen:
- 400 ml Gemüsebrühe
- 80 g Sojagranulat
- 60 g Lauchzwiebeln
- 2 EL frisch gehackte Blattpetersilie
- 4 TL Senf (mittelscharf)
- 30 g Semmelbrösel
- 50 g Sojamehl
- 1 TL Paprikapulver (edelsüß)
- 6 EL lauwarmes Wasser
- 2 EL Rapsöl
- Salz und Pfeffer nach Geschmack

1 Portion (400 g): 510 kcal, 34 g Eiweiß (27 E%), 30 g Fett (52 E%), 26 g Kohlenhydrate (21 E%)

01 Tomaten waschen, den Stängelansatz entfernen und in dünne Scheiben schneiden. Kapern abtropfen lassen. Zwiebel schälen und in feine Ringe schneiden. Alle Zutaten in eine Schüssel geben.

02 Den Salat mit Olivenöl und Essig anmachen und mit Basilikum, Oregano, Salz und Pfeffer abschmecken.

03 Gemüsebrühe aufkochen, Sojagranulat damit übergießen und etwa 20 Minuten quellen lassen. Gut abtropfen lassen.

04 Lauchzwiebeln waschen und hacken.

05 Sojagranulat, Lauchzwiebeln, Petersilie, Senf, Semmelbrösel, Sojamehl und Paprikagewürz vermengen. Wasser hinzufügen und den Teig kneten. Mit Salz und Pfeffer abschmecken.

06 Rapsöl in einer beschichteten Pfanne erhitzen. Aus dem Teig 6 gleich große Frikadellen formen und im heißen Fett von beiden Seiten 1 Minute kräftig anbraten. Anschließend bei reduzierter Hitze ca. 3–4 Minuten pro Seite weiterbraten.

07 Die Frikadellen auf dem Tomatensalat anrichten und servieren.

Tofuspieße mit Erdnusssauce und Rohkostsalat

FÜR 2 PERSONEN

Für die Tofuspieße:
- 300 g Tofu (natur)
- 3 EL Sesamöl
- 3 EL Sojasauce
- 2 EL Limettensaft
- ¼ TL Sambal Oelek
- 1 Knoblauchzehe
- 4 EL weißer Sesam
- 2 EL Erdnussöl
- 4 Holzspieße (ca. 15 cm)

Für die Erdnusssauce:
- ½ Knoblauchzehe
- ½ Schalotte
- 1 rote Chilischote
- 1 EL Erdnussöl
- 50 g geröstete, gesalzene Erdnüsse
- 125 ml Kokosmilch
- 1 TL Zitronensaft
- 2 EL frisch gehackter Koriander
- grobes Meersalz und schwarzer Pfeffer aus der Mühle nach Geschmack

Für den Salat:
- 150 g Sojasprossen
- 1 Frühlingszwiebel
- 1 walnussgroßes Stück Ingwer
- 2 EL Himbeeressig
- 3 EL helles Sesamöl (geröstet)
- 4 EL Orangensaft
- 1 TL Sambal Oelek
- Salz nach Geschmack

01 Tofu in 2 cm große Würfel schneiden. Für die Marinade Sesamöl, Sojasauce, Limettensaft und Sambal Oelek verrühren. Knoblauch schälen, pressen und zur Marinade geben. Tofuwürfel darin 30 Minuten marinieren, dann gut abtropfen lassen, im Sesam wenden und aufspießen.

02 Für die Erdnusssauce Knoblauch und Schalotte schälen und fein hacken. Die Chilischote waschen, entkernen und fein schneiden. Öl in einer Pfanne erhitzen und Knoblauch, Schalotte und Chili darin anbraten. Erdnüsse dazugeben, Kokosmilch unterrühren und aufkochen lassen. Mit Zitronensaft und Koriander abschmecken. Anschließend pürieren und abkühlen lassen. Nach Geschmack mit Salz und Pfeffer würzen.

03 2 EL Erdnussöl in einer beschichteten Pfanne erhitzen. Tofuspieße darin von jeder Seite 2–3 Minuten braten.

04 Für den Salat die Sojasprossen waschen und trocken tupfen. Frühlingszwiebel waschen und in Ringe schneiden. Beides vermischen. Ingwer schälen, fein würfeln, mit Essig, Öl, Orangensaft, Sambal Oelek und etwas Salz verrühren und über den Salat träufeln.

05 Erdnusssauce über die Spieße verteilen und mit dem Salat servieren.

1 Portion (350 g): 620 kcal, 37 g Eiweiß (23 E%), 50 g Fett (69 E%), 13 g Kohlenhydrate (8 E%)

Paprika mit Hot-Mexicana-Füllung

FÜR 2 PERSONEN

- 2 rote Paprika (á 150 g)
- 20 g Pinienkerne
- 2 Frühlingszwiebeln
- 150 g Auberginen
- 2 TL Rapsöl
- 150 g Kidneybohnen (Dose)
- 50 g Erbsen (Dose)
- 200 g passierte Tomaten
- 10 g Tomatenmark
- ½ TL Tabasco
- 1 TL Oregano (getrocknet)
- 1 TL frisch gehackter Basilikum
- Salz und Pfeffer nach Geschmack
- etwas Öl für die Form

Für die Creme:

- 1 kleine Möhre (60 g)
- 80 g Soja Cuisine
- 20 g Hefeflocken
- ½ TL Knoblauchgranulat
- 25 g gemahlene, blanchierte Mandeln
- 1 TL Senf (mittelscharf)
- Salz und Cayennepfeffer nach Geschmack

1 Portion (565 g): 460 kcal, 22 g Eiweiß (20 E%), 26 g Fett (50 E%), 34 g Kohlenhydrate (30 E%)

01 Backofen auf 180° Umluft vorheizen. Auflaufform (ø 20 cm) mit etwas Öl einfetten.

02 Paprika waschen, Strunk herausschneiden, längs halbieren und entkernen.

03 Pinienkerne in einer Pfanne ohne Fett anrösten.

04 Frühlingszwiebeln waschen und in Ringe schneiden. Auberginen waschen und in sehr kleine Würfel schneiden. Öl in einer beschichteten Pfanne erhitzen.

05 Kidneybohnen und Erbsen abtropfen lassen. Zwiebelringe und Auberginenwürfel im Öl anbraten. Passierte Tomaten, Tomatenmark, Kidneybohnen und Erbsen hinzufügen und 7–10 Minuten bei niedriger Hitzezufuhr köcheln lassen. Mit Salz, Tabasco und Kräutern würzen. Pinienkerne unterrühren. Die Paprikahälften damit füllen und in eine Auflaufform legen.

06 Möhre schälen und sehr fein raspeln. Soja Cuisine und etwas Salz in einem Topf kurz aufkochen. Von der Herdplatte nehmen. Hefeflocken unter Rühren hineingeben. Wenn die Sauce dickflüssig ist, Knoblauchgranulat, gemahlene Mandeln, Senf, Cayennepfeffer und Möhrenraspel unterrühren. Die Paprikahälften damit bestreichen.

07 Im Backofen (Mitte) 30 Minuten backen.

Zucchini-Oliven-Lasagne mit Pestobéchamel

FÜR 2 PERSONEN

- 600 g Zucchini
- 200 ml Gemüsebrühe
- 75 g Sojagranulat
- 1 Schalotte
- 25 g schwarze Oliven (entsteint)
- 30 g grüne Oliven (entsteint)
- 1 TL Olivenöl
- 50 g Erbsen (Konserve oder TK)
- 500 g passierte Tomaten
- 2 EL Tomatenmark
- 1 TL Oregano (getrocknet)
- Salz und Pfeffer nach Geschmack

Für die Pestobéchamel:
- 20 g Pinienkerne
- 1 kleine Knoblauchzehe
- 15–20 frische Basilikumblättchen
- 1 EL Zitronensaft
- 4 TL Olivenöl
- 125 g Soja Cuisine
- ½ TL Meersalz
- 20 g Hefeflocken
- Meersalz nach Geschmack

1 Portion (840 g), 695 kcal, 36 g Eiweiß (22 E%), 46 g Fett (58 E%), 35 g Kohlenhydrate (20 E%)

01 Den Backofen auf 250° Grillstufe vorheizen. Zucchini waschen und längs in 1 cm dicke Scheiben schneiden. Von beiden Seiten salzen, auf einem Backgitter verteilen und von beiden Seiten je 5–7 Minuten grillen. Abkühlen lassen. Anschließend den Backofen auf 180° Umluft stellen.

02 Gemüsebrühe kochen und Sojagranulat damit übergießen. 10 Minuten quellen lassen. Absieben und abkühlen lassen.

03 Die Schalotte schälen und fein schneiden. Oliven klein hacken. Olivenöl in eine beschichtete Pfanne geben. Schalotte 3 Minuten dünsten. Sojagranulat dazugeben und kräftig anbraten.

04 Passierte Tomaten, Tomatenmark, Oliven, Erbsen und Oregano zum Sojagranulat geben. Mit Salz und Pfeffer würzen. 10 Minuten bei niedriger Temperatur und gelegentlichem Rühren köcheln lassen.

05 Für die Pestobéchamel Pinienkerne ohne Fett rösten, bis sie Farbe annehmen. Knoblauchzehe auspressen. Basilikum, Pinienkerne, Knoblauch, Zitronensaft und etwas Meersalz mit 4 TL Olivenöl pürieren.

06 Soja Cuisine und ½ TL Meersalz in einem Topf aufkochen. Von der Herdplatte nehmen und Hefeflocken unter Rühren einrieseln lassen. Dann das Basilikumpesto unterrühren.

07 Eine Auflaufform mit etwas Öl einpinseln. Den Boden mit Zucchinischeiben bedecken und mit 3–4 EL Tomatensauce bestreichen. Darauf dünn Pestobéchamel verteilen. Weitere Schichten nach dem selben Muster auftragen. Schließen Sie die letzte Schicht mit Pestobéchamel ab.

08 Im Ofen (Mitte) 10–15 Minuten backen.

Seitan in dunkler Sauce mit Rotkohlbeilage

FÜR 2 PERSONEN

- 500 g Rotkohl
- 1 ½ kleine Äpfel
- 1 EL Rapsöl
- 3–4 Lorbeerblätter
- 20 ml Aceto balsamico (dunkel)
- Salz nach Geschmack

Für die Gewürzpaste:
- 1 walnussgroßes Stück Ingwer
- 3 kleine Strauchtomaten
- 2 EL Erdnussöl
- ½ TL Chilis (getrocknet)
- 1 TL Paprikapulver (edelsüß)
- 3 dunkle Kardamomkapseln
- ½ TL Kümmel (gemahlen)
- 4 Nelken
- 1–2 Sternanis
- 3–4 Lorbeeren

- ½ TL Zimt
- 300 g Seitan
- 1 EL Erdnussöl
- 150 ml Aceto balsamico (dunkel)
- 200 ml Gemüsebrühe
- 3 EL dunkle Sojasauce
- 1 EL Austernsauce
- 1 TL Tamarindensirup
- Saft 1 Orange
- 2 EL Lupinenmehl (oder Sojamehl)
- Salz nach Geschmack

1 Portion (800 g): 635 kcal, 55 g Eiweiß (35 E%), 29 g Fett (41 E%), 36 g Kohlenhydrate (24 E%)

01 Den Rotkohl in feine Streifen schneiden. 1 Apfel schälen und in dicke Spalten schneiden. Rapsöl in einer beschichteten Pfanne erhitzen. Apfelspalten kurz darin anbraten. Den Rotkohl zugeben und bei geschlossenem Deckel und schwacher Hitze etwa 30 Minuten schmoren. Anschließend Lorbeerblätter, Aceto balsamico und etwas Salz unter das Rotkraut rühren und dieses weitere 15 Minuten schmoren.

02 Ingwer klein schneiden. Tomaten klein würfeln. 2 EL Erdnussöl in einer Pfanne erhitzen. Ingwer und Gewürze darin anrösten. Tomaten hinzufügen und kurz mitbraten. Pfanne von der Herdplatte nehmen.

03 Den halben Apfel schälen und reiben. Seitan in 2 cm dicke Scheiben schneiden. Mit Salz würzen. Erdnussöl in einer beschichteten Pfanne erhitzen. Seitan von allen Seiten anbraten, bis er leicht Farbe annimmt. Mit Aceto balsamico und Gemüsebrühe ablöschen. Geriebenen Apfel, Sojasauce, Austernsauce und Tamarindensirup hinzufügen und 3–5 Minuten köcheln lassen. Mit Orangensaft abschmecken. 2–3 EL der Gewürzpaste unterrühren. Weitere 4–5 Minuten köcheln lassen.

04 Um die Sauce etwas anzudicken, 2–3 EL des Suds mit Lupinenmehl klumpenfrei verrühren und wieder zum Seitan geben. Das Ganze gut verrühren und 2–3 Minuten köcheln lassen. Seitan auf zwei Tellern anrichten, mit Sauce übergießen und mit Rotkohl servieren.

Sellerie-Möhren-Rösti mit Apfel-Meerrettich-Dip

FÜR 2 PERSONEN

Für den Dip:
- 200 g Sojajoghurt
- ½ geriebener Apfel
- 1 TL frisch geriebener Meerrettich
- 1 EL Zitronensaft
- ½ TL natives Olivenöl
- Salz nach Geschmack

Für die Röstis:
- 2 Möhren
- 200 g Knollensellerie (geschält gew.)
- 2 Frühlingszwiebeln
- 4 EL Sojamehl
- 4 EL Wasser
- 3 EL Rapsöl
- 1 Msp. Muskatnuss
- Salz und Pfeffer nach Geschmack

1 Portion (390 g): 295 kcal, 15 g Eiweiß (21 E%), 18 g Fett (57 E%), 18 g Kohlenhydrate (22 E%)

01 Kaffeefilter in ein Sieb legen. Topf drunterstellen. Sojajoghurt in den Kaffeefilter geben. Im Kühlschrank für mindestens 12 Stunden ruhen lassen.

02 Sojajoghurt, Apfel, Meerrettich, Zitronensaft, Olivenöl und Salz verrühren.

03 Den Backofen auf 180° (160° Umluft) vorheizen.

04 Möhren und Sellerie schälen und fein raspeln. In ein Sieb geben, leicht salzen und über dem Spülbecken etwa 10 Minuten stehen lassen. Die Raspel gut ausdrücken.

05 Die Frühlingszwiebeln putzen, in feine Ringe schneiden und mit Möhren- und Sellerieraspeln vermischen.

06 Sojamehl mit Wasser gut verrühren und zu den Gemüseraspel geben. Mit Muskat, Salz und Pfeffer würzen und alles gut verkneten.

07 Das Öl in einer beschichteten Pfanne erhitzen. Die Hitze reduzieren, jeweils 1 EL Gemüsemasse in die Pfanne geben und mit einem Esslöffel platt drücken. Gemüsepuffer von beiden Seiten goldbraun ausbacken und mit dem Dip servieren.

Tofu mit Senf-Oliven-Haube und Wasabipüree

FÜR 2 PERSONEN

Für den Tofu:

- 25 g schwarze Oliven (entsteint)
- 2 EL Pinienkerne
- 3 EL Olivenöl
- 2 EL frisch gehackte Blattpetersilie
- ½ TL Knoblauchgranulat
- 2 TL Dijon-Senf
- 1 EL Sojamehl
- 200 g Räuchertofu
- 1 EL Rapsöl
- Salz und Pfeffer nach Geschmack

Für das Wasabipüree:

- 400 g Knollensellerie
- 50 ml Soja Cuisine
- 1 EL Wasabipaste (Tube)
- Salz und Pfeffer nach Geschmack

1 Portion (365 g): 425 kcal, 20 g Eiweiß (20 E%), 35 g Fett (65 E%), 8 g Kohlenhydrate (15 E%)

01 Den Backofen auf 200° (Umluft 180°) vorheizen.

02 Oliven abtropfen lassen und fein schneiden. Pinienkerne in einer beschichteten Pfanne ohne Fett anrösten, bis sie duften. Anschließend im Mörser zerkleinern.

03 2 EL Olivenöl, Olivenwürfel, Petersilie, Pinienkerne, Knoblauchgranulat, Senf und Sojamehl gut verrühren. Mit Salz und Pfeffer würzen.

04 Tofu halbieren. 1 EL Olivenöl in einer beschichteten Pfanne erhitzen und den Tofu darin rundum anbraten, bis er leicht gebräunt ist. Mit Salz und Pfeffer würzen.

05 Eine Auflaufform mit Rapsöl einfetten. Den Tofu hineinlegen und die Oberseite jeweils mit der Senf-Oliven-Creme bestreichen. Im Ofen (Mitte) etwa 15 Minuten backen, bis sich eine goldbraune Kruste bildet.

06 In der Zwischenzeit Sellerie schälen, würfeln und in kochendem Salzwasser ca. 15 Minuten garen. Sellerie abtropfen lassen und pürieren. Mit Soja Cuisine, Wasabi, Salz und Pfeffer abschmecken.

07 Den Tofu mit Senf-Oliven-Haube und Wasabipüree anrichten und servieren.

Champignons mit Beluga-Auberginen-Füllung

FÜR 2 PERSONEN

- 40 g Belugalinsen (getrocknet)
- 250 ml Gemüsebrühe
- 6–8 Riesenchampignons
- 150 g Aubergine
- 1 TL Rapsöl
- 5 frische Basilikumblätter
- 80 g Soja Cuisine
- 20 g Hefeflocken
- 1 TL Lupinenmehl (oder Sojamehl)
- 20 g gemahlene, blanchierte Mandeln
- 2 EL Hanfsamen
- Salz und Cayennepfeffer nach Geschmack

1 Portion (390 g): 390 kcal, 25 g Eiweiß (27 E%), 24 g Fett (53 E%), 19 g Kohlenhydrate (20 E%)

01 Belugalinsen waschen und in der Gemüsebrühe 30 Minuten weich garen. Anschließend abtropfen und abkühlen lassen.

02 Backofen auf 200° (Umluft 180°) vorheizen.

03 Champignons vom Strunk befreien. Champignonköpfe putzen, trocken tupfen und nebeneinander in eine Auflaufform setzen. Den Strunk putzen und klein würfeln. Aubergine waschen und ebenfalls sehr klein würfeln.

04 In einer kleinen beschichteten Pfanne Rapsöl erhitzen. Champignon- und Auberginenwürfel darin kräftig anbraten. Linsen hinzufügen. Nach Geschmack mit Salz und Cayennepfeffer würzen.

05 Basilikum waschen, trocken schütteln und fein hacken. Soja Cuisine, Salz und Cayennepfeffer in einen kleinen Topf geben und kurz aufkochen. Temperatur herunterdrehen. Hefeflocken und Lupinenmehl mit einem Schneebesen unterrühren und so lange rühren, bis die Creme dickflüssig wird. Anschließend von der Herdplatte nehmen. Pilz-Auberginen-Linsen-Mischung, Basilikum, gemahlene Mandeln und Hanfsamen unterrühren. Masse kurz abkühlen lassen und anschließend die Champignonköpfe damit füllen.

06 Im Ofen (Mitte) 15 Minuten backen.

Falafel mit fruchtigem Krautsalat

FÜR 2 PERSONEN

Für die Falafel:
- 100 g Kichererbsen (getrocknet)
- ½ Zwiebel
- ½ Knoblauchzehe
- ½ Bund frische Blattpetersilie
- 1 schwach gehäufter TL Curry
- ½ TL Kreuzkümmel (Cumin)
- 120 ml Frittierfett (Erdnussöl)

Für den Salat:
- 200 g Weißkohl
- 40 g Mandarinen (Dose)
- 150 g Sojajoghurt
- 30 g gehackte Haselnüsse
- 20 g Hanfsamen
- 2 EL Zitronensaft
- 2 EL Olivenöl
- Salz und Pfeffer nach Geschmack

1 Portion (330 g): 575 kcal, 19 g Eiweiß (14 E%), 39 g Fett (59 E%), 38 g Kohlenhydrate (27 E%)

01 Kichererbsen über Nacht in etwa 1 Liter Salzwasser (heiß aus dem Wasserhahn entnehmen) einweichen.

02 Zwiebel schälen und klein schneiden. Knoblauchzehe schälen und pressen, Petersilie waschen, trocken schütteln und klein zupfen, Curry und Kreuzkümmel dazugeben und pürieren.

03 Kichererbsen abtropfen lassen, nach und nach hinzufügen und mitpürieren – den Teig ca. 20 Minuten ruhen lassen. Sollten die Kichererbsen noch zu fest zum Pürieren sein, dann in 0,5 Liter Wasser 10 Minuten garen.

04 In der Zwischenzeit den Weißkohl putzen und fein hobeln. Mandarinen abtropfen lassen und den Saft auffangen. Weißkohl und Mandarinen in einer Schüssel mischen.

05 Sojajoghurt, Nüsse, Hanfsamen, Zitronen- und 2–3 EL Mandarinensaft sowie Öl verrühren. Mit Salz und Pfeffer abschmecken. Die Hälfte des Dressings mit dem fruchtigen Kohlsalat mischen.

06 Das Frittierfett in einer beschichteten Pfanne erhitzen. Mit einem Esslöffel etwas Kichererbsenmasse entnehmen und mit einem weiteren Löffel die Masse zu einem flachen Bällchen formen und ins heiße Fett legen. Falafel von beiden Seiten goldbraun braten. Anschließend die Bällchen auf Krepppapier legen, damit überschüssiges Frittierfett aufgesaugt werden kann.

07 Salat auf einem Teller anrichten. Falafel darauf verteilen und mit der restlichen Sojajoghurtsauce übergießen.

Mediterrane Tomatenclafoutis

FÜR 2 PERSONEN

- 400 g Cocktailtomaten
- 30 g getrocknete Tomaten (in Öl)
- 50 g schwarze Oliven (entsteint)
- ½ Bund frische Blattpetersilie

Für die Creme:
- 100 g Blumenkohl
- 25 g Pinienkerne
- 125 g Soja Cuisine
- 1 EL Rapsöl
- 20 g Hefeflocken
- 1 TL Lupinenmehl (alternativ Sojamehl)
- Salz und Chilipulver nach Geschmack

1 Portion (400 g): 400 kcal, 16 g Eiweiß (17 E%), 31 g Fett (68 E%), 15 g Kohlenhydrate (15 E%)

01 Backofen auf 180 Umluft vorheizen.

02 Tomaten waschen und in einer Auflaufform (Ø 20–22 cm) verteilen. Getrocknete Tomaten in feine Streifen schneiden. Oliven abtropfen lassen und halbieren. Getrocknete Tomaten und Oliven auf den Cocktailtomaten verteilen. Petersilie waschen, trocken schütteln, grob hacken und über die Tomaten streuen.

03 Für die Creme den Blumenkohl waschen und raspeln. Pinienkerne im Mörser zerstoßen.

04 Soja Cuisine, Öl, Salz und Chilipulver in einen kleinen Topf geben und kurz aufkochen. Temperatur herunterdrehen. Hefeflocken und Lupinenmehl mit einem Schneebesen unterrühren und so lange rühren, bis die Creme dickflüssig wird. Anschließend von der Herdplatte nehmen. Blumenkohl und Pinienkerne unterrühren. Die Creme über die Tomaten gießen.

05 Den Auflauf im Ofen (Mitte) 25–30 Minuten backen.

Rosenkohl in Zitronen-Kokos-Sauce

FÜR 2 PERSONEN

- 600 g Rosenkohl
- 3 EL Sojasauce
- 1 schwach gehäufter TL Kräutersalz
- 1 schwach gehäufter TL Zucker
- 200 ml heißes Wasser

Für die Gewürzmischung:

- ½ TL Fenchel (gemahlen)
- ½ TL Koriandersamen (gemahlen)
- ½ TL grüner Kardamom (gemahlen)
- 1 Kardamomkapsel
- etwas Kreuzkümmel (gemahlen)
- 1 schwach gehäufter TL Mangopulver
- ¼ TL Kurkuma
- 3 kleine Bio-Zitronen + Saft von ½ Zitrone
- 20 g Kokosöl
- 1 TL frisch geriebener Ingwer
- 1 TL frisch geriebener Thai-Ingwer
- 6 Limettenblätter
- 250 ml Kokosmilch
- 1–2 TL Senf (mild)
- 2 EL Hefeflocken
- 1 Msp. Muskat
- 2 EL Süßlupinenmehl oder Sojamehl
- 1 EL frisch gehackter Dill
- Salz nach Geschmack

1 Portion (600 g): 535 kcal, 28 g Eiweiß (22 E%),35 g Fett (57 E%), 27 g Kohlenhydrate (21 E%)

01 1 Liter Salzwasser zum Kochen bringen. Rosenkohl bei mittlerer Hitze 15 Minuten garen.

02 In der Zwischenzeit aus Sojasauce, Kräutersalz, Zucker und heißem Wasser eine Brühe herstellen.

03 Für die Gewürzmischung alle Gewürze im Mörser zerstoßen. Ingwer und Thai-Ingwer schälen und reiben. Zitronen heiß abwaschen und die Schale reiben.

04 10 g Kokosöl in einem Topf erhitzen. 1 schwach gehäufter TL der Gewürzmischung, Ingwer und Thai-Ingwer kurz anrösten. Mit der fertigen Brühe ablöschen. Limettenblätter und geriebene Zitronenschale hinzufügen. Das Ganze 5 Minuten köcheln lassen.

05 Anschließend Kokosmilch und Senf dazugeben und aufkochen. Mit Zitronensaft, Hefeflocken und Muskat würzen. Gegebenenfalls mit Salz nachwürzen. Zum Schluss Süßlupinenmehl einrieseln lassen und die Sauce damit andicken.

06 In einer beschichteten Pfanne das restliche Kokosöl erhitzen. Rosenkohl darin rundum 3–4 Minuten anbraten. Rosenkohl auf einem Teller anrichten, mit der Zitronen-Kokos-Sauce übergießen und mit Dill bestreuen.

TIPP: Die Sauce passt im Sommer auch sehr gut zu grünem oder weißem Spargel! Entweder über den Spargel gießen oder den Spargel mit der Sauce zu einer Spargelsuppe pürieren!

Bunter Taboulé mit Chicoréelöffeln

FÜR 2 PERSONEN

- 500 ml Gemüsebrühe
- 150 g Sojagranulat
- 1 Möhre
- 1 kleiner Zucchino
- 1 rote Paprika
- 100 g Salatgurke
- 2 Strauchtomaten
- 6–8 Minzeblättchen
- ½ Bund frische Blattpetersilie
- 2 Knoblauchzehen
- 1 Prise Salz
- 3 EL Zitronensaft
- 2 EL Olivenöl
- 2 Chicoréekolben
- Salz und Pfeffer nach Geschmack

1 Portion (495 g): 495 kcal, 33 g Eiweiß (28 E%), 30 g Fett (53 E%), 22 g Kohlenhydrate (19 E%)

01 Gemüsebrühe kochen und Sojagranulat damit übergießen. 10 Minuten quellen lassen. Anschließend gut absieben und abkühlen lassen.

02 In der Zwischenzeit die Möhre schälen, Zucchino und Paprika waschen, putzen und jeweils sehr fein würfeln. Gurke schälen, Tomaten waschen. Gurke und Tomaten halbieren und jeweils mit einem Löffelchen die Kerne herauskratzen und in sehr kleine Würfel schneiden.

03 Minze und Petersilie kurz abbrausen, trocken schütteln und fein hacken.

04 Sojagranulat, Möhre, Zucchino, Paprika, Gurke, Tomaten und die Kräuter in einer Schüssel mischen. Den Knoblauch abziehen und über den Salat pressen. Alles locker vermengen.

05 Für das Dressing 1 Prise Salz unter Rühren im Zitronensaft lösen. Das Öl zugeben und kräftig unterschlagen. Das Dressing erst unmittelbar vor dem Servieren über den Salat gießen. Mit Salz und Pfeffer abschmecken.

06 Die Chicoréeblätter kalt abbrausen und als »Löffel« dazu servieren.

Erfrischende Papaya-Zitronen-Creme

FÜR 2 PERSONEN

- **200 g Papaya (geschält gew.)**
- **1 unbehandelte Zitrone**
- **150 g Sojajoghurt**
- **50 ml Sojamilch**
- **1 Päckchen Vanillezucker**
- **1–2 Spritzer Süßstoff oder Stevia**
- **½ TL Agar-Agar**
- **5 Minzeblättchen**

1 Portion (205 g): 75 kcal, 5 g Eiweiß (27 E%), 3 g Fett (37 E%), 9 g Kohlenhydrate (36 E%)

01 Papaya schälen, grob würfeln und pürieren. Die Zitrone heiß waschen, trocken tupfen und mit einem Zestenreißer dünne Streifen von der Schale abziehen. Anschließend die Zitrone auspressen.

02 Sojajoghurt, Sojamilch, Vanillezucker, Zitronenabrieb, -saft und Papayamus cremig rühren, mit Süßstoff oder Stevia abschmecken und in einem kleinen Topf bei geringer Hitzezufuhr erwärmen. Agar-Agar hinzufügen und unter Rühren aufkochen, vom Herd nehmen und abkühlen lassen. Danach etwa 1 Stunde kühl stellen.

03 Minzeblättchen waschen, trocken tupfen, zerkleinern und dekorativ über die Creme verteilen.

Pancakes mit Himbeersahne

ERGIBT 2 STÜCK

Für die Sahne:
- 150 g Himbeeren (frisch oder TK)
- 100 ml Sojasahne (aufschlagbar)
- ½ Päckchen Sahnesteif
- 2 TL Mandelsplitter

Für die Pancakes:
- 100 g gemahlene, blanchierte Mandeln
- 30 g Mehl
- 1 TL gemahlene Vanille
- 80 g Sojajoghurt
- 1 EL natives Kokosöl
- ein paar Tropfen Süßstoff oder Stevia Fluid nach Geschmack

1 Portion (230 g): 550 kcal, 18 g Eiweiß (12 E%), 46 g Fett (73 E%), 20 g Kohlenhydrate (15 E%)

01 Himbeeren waschen und putzen. Die Hälfte der Himbeeren pürieren.

02 Sojasahne auf höchster Stufe 1 Minute schlagen. Sahnesteif hinzufügen und weiterschlagen, bis die gewünschte Konsistenz erreicht ist.

03 Die pürierten Himbeeren und Mandelsplitter vorsichtig unter die Sahne heben.

04 Mandeln, Mehl und Vanille mischen. Sojajoghurt klumpenfrei einrühren. Je nach Geschmack mit Süßstoff abschmecken. Den Teig etwa 5 Minuten ruhen lassen.

05 Kokosöl in einer beschichteten Pfanne erhitzen. Die Hälfte des Pancakesteigs in der Pfanne 2–3 Minuten pro Seite bei mittlerer Hitze goldbraun ausbacken.

06 Auf jeden Pancake mittig einen Klecks Himbeersahne setzen. Die restlichen Himbeeren auf dem Pancake gleichmäßig verteilen.

Impressum

Redaktion:	systemed Verlag, Lünen
	systemed GmbH, Kastanienstr. 10, 44534 Lünen
Fotografie:	Studio Reiner Schmitz, München
Umschlaggestaltung:	Hauptmann & Kompanie Werbeagentur, Zürich
Satz:	A flock of sheep, Lübeck
Druck:	Druckerei Uhl, Radolfzell
ISBN:	978-3-942772-68-6

2. Auflage